Comment écrire un best-seller.
8 étapes simples et efficaces

Murielle Lucie Clément

Comment écrire un best-seller.
8 étapes simples et efficaces

MLC

Du même auteur :

» *Les Bienveillantes de Jonathan Littell. Études réunies par Murielle Lucie Clément*, 2010

» *Autophilologie. La philologue au miroir. Entretien avec Pascale Hummel*, 2010

» *Andreï Makine. Etudes réunies par Murielle Lucie Clément*, 2009

» *Comment devenir proustien sans lire Proust*, 2009

» *Hedendaagse Frans Kunst in Nederland*, 2009

» *Autour des écrivains franco-russes, sous la direction de Murielle Lucie Clément*, 2008

» *Écrivains franco-russes. Études réunies par Murielle Lucie Clément*, 2008

» *Relations familiales dans les littératures française et francophone des XXe et XXIe siècles. La Figure du père*, (e.a. eds.), 2008

» *Relations familiales dans les littératures française et francophone des XXe et XXIe siècles. La Figure de la mère*, (e.a. eds.), 2008

» *Andreï Makine. Recueil 2007*, 2007

» *Michel Houellebecq sous la loupe*, (e.a. eds.), 2007

» *Michel Houellebecq revisité*, 2007

» *Le Nagal, Chansons poétiques et poésies chantées en trois parties*, 2007

» *Baudelaire et la musique*, 2005

» *Le Bateau ivre*, 2004

» *Houellebecq, Sperme et sang*, (2003) ASCA book award 2004

» *Sibérie, Entretiens au quotidien*, 2002

» *Noël, Christmas, Kerstmis, Navidad, Weinacht*, 2001

» *Les Nuits sibériennes*, 2001

» *Mongolie-Mandchourie-Sibérie*, 2000

» *Sur un rayon d'amour*, 2000

» *L'Arc-en-ciel, 1999*, Prix des Poètes 2000

» *Les Nuits sibériennes*, 1998

» *Les Héroïnes de l'opéra*, 1996

Editions MLC
Le Montet
36340 Cluis
© MLC 2015
ISBN: 978-2-37432-01-37
Dépôt légal, Novembre 2015

A vous

Préface

En fait, écrire un best-seller est loin d'être aussi difficile que la plupart des gens le pensent et que nous le croyons. Un best-seller, à notre niveau, est un livre qui se vend bien et même mieux. Il n'est pas question ici de vendre des millions d'exemplaires ou de succès planétaire, mais de vendre raisonnablement bien et plus si possible pour vivre de sa plume.

Vous pouvez écrire un best-seller en fiction ou en non-fiction si vous savez ce qui fonctionne. Depuis plusieurs années, je travaille comme ghostwriter pour plusieurs clients et j'ai écrit plusieurs best-sellers sur des sujets très différents. J'ai aussi compilé mes connaissances dans un livre « *Comment écrire un livre et avoir du succès. 12 étapes simples et efficaces* » qui, à l'heure où j'écris, est entré dans les 20 meilleures ventes d'Amazon. J'ai aussi écrit plusieurs autres livres qui, s'ils ne sont pas des succès planétaires, me permettent de vivre confortablement de ma plume.

Mais, pour être franche, vous pouvez toujours trouver un sujet qui fera un thème intéressant si vous le traitez avec un peu (beaucoup) d'imagination. De la romance sentimentale au livre pour apprendre le jardinage, de comment dresser son chat à un livre pour perdre 15 kilos en 1 mois, vous pourrez écrire sur tout ce que vous désirez si vous le voulez vraiment. La seule chose indispensable, c'est d'avoir un sujet et un titre et d'ECRIRE.

Pour mener à bien son travail, un sous-titre est également important. Même si vous ne l'utilisez pas dans la version finale, il vous servira de guide. De cette manière, vous saurez quelles sont les grandes lignes de votre livre et éventuellement, comment les agencer.

Introduction

Vous rêvez d'écrire des best-sellers. Des livres qui se vendent et vous permettent de vivre de votre plume, mais vous ignorez comment faire. Qu'à cela ne tienne ! *Comment écrire un best-seller. 8 étapes simples et efficaces* résout pour vous ce dilemme et vous aide à atteindre votre objectif même s'il s'agit de votre premier livre.

Grâce à *Comment écrire un best-seller. 8 étapes simples et efficaces* votre problème va fondre comme neige au soleil. Cet ouvrage a été conçu pour vous faciliter l'écriture d'un best-seller d'une manière simple, efficace, facile à lire et encore plus facile à mettre en pratique.

Ce livre vous fournira les clés pour écrire un best-seller. Il s'adresse plus particulièrement aux auteurs de non-fiction, mais les étapes présentées peuvent tout aussi bien être appliquées par les auteurs de fiction.

En tant que docteur ès lettres et l'auteur de nombreux ouvrages à succès, sous mon nom propre et comme ghostwriter, je sais de quoi je parle. J'ai lu et analysé des dizaines et des dizaines de best-sellers et je suis passée maître dans l'art de détecter les charnières de l'écriture. Ces astuces et solutions, je vous les transmets dans *Comment écrire un best-seller. 8 étapes simples et efficaces.*

Grâce à la lecture de *Comment écrire un best-seller. 8 étapes simples et efficaces*, vous connaîtrez les écueils à éviter dans l'écriture. En revanche, vous aurez en main les atouts pour écrire votre best-seller. Ensuite, ce sera à vous de jouer, heu… d'écrire.

Des étudiants, des poètes, des romanciers, des écrivains, mais aussi des personnes comme vous et moi ont été capables d'écrire leur best-seller. Après la lecture de *Comment écrire un best-seller. 8 étapes simples et efficaces*, vous comprendrez mieux pourquoi.

Personnellement, j'ai aussi publié *Comment écrire un livre et avoir du succès. 12 étapes simples et efficaces*. Qui est le n°1 des ventes dans la rubrique de développement personnel et dans le top des 20 meilleures ventes d'Amazon Kindle au moment où j'écris. Un niveau atteint par les préceptes rassemblés ici.

Jérémie a laissé le commentaire suivant : « Merci Murielle! Ce livre m'a vraiment permis d'affiner mes « compétences » d'écriture. Lorsque j'ai voulu écrire un livre à propos de la réussite des études, j'avoue avoir été un peu perdu par la multitude de choses englobant l'écriture d'un livre. C'est loin d'être simple. Et pourtant, ce guide m'a totalement facilité le processus grâce à de bonnes petites méthodes. Excellent... »

Après avoir lu le manuscrit que je lui avais remis, Emma Brownson, une de mes étudiantes, a déclaré « Avec la lecture de

Comment écrire un best-seller. 8 étapes simples et efficaces, j'ai complètement changé ma manière d'écrire. J'écris maintenant des ouvrages qui sont dans le top 100 d'Amazon. Mes clients sont contents et ils en redemandent. »

Christelle a laissé le commentaire suivant :

« **Excellent livre !! à lire de toute urgence !!** J'ai une maîtrise de langues étrangères, j'ai fait de multiples traductions, j'ai eu des cours de français jusqu'en bac+4 et pourtant, j'ai appris énormément grâce à ce livre. C'est le point de départ du roman que je prépare. Il m'a donné l'envie d'écrire, une excellente méthode et a approfondi l'art et la manière de rédiger un livre cohérent. C'est plus qu'un cours de littérature, c'est un vrai bijou, une vraie réflexion qui nous donne clairement étape par étape la marche à suivre pour rédiger le livre parfait à nos yeux et pour créer l'émotion chez le lecteur. Une fois qu'on a lu ce livre, on ne lit plus un livre de la même façon et on décode tous les chefs-d'œuvre littéraires qui passent entre nos mains.

Je vous le conseille à 100% que vous souhaitiez écrire un livre ou que vous lisiez régulièrement, ce livre est un vrai trésor qui vous apportera réflexions et connaissances ».

Une auteure confirmée, Isabelle Triaureau a écrit : « **Un sésame indispensable...** 12 est un bon chiffre.....vers le succès! Une lecture très agréable, qui donne confiance en soi et qui pousse au travail régulier et constructif.....!!!! Précieux quand le découragement s'installe....!!! Au boulot sans attendre avec ce guide positivement stimulant..... ».

Emilia Nelson qui écrit des romans contemporains a dit « Maintenant, je sais comment rédiger mon livre de telle façon pour qu'il devienne un vrai best-seller. Pour moi, cela signifie qu'il se vende! ».

Je peux vous promettre qu'après la lecture de *Comment écrire un best-seller. 8 étapes simples et efficaces*, vous avancerez rapidement dans votre projet d'écriture en prenant les bonnes décisions. Vous terminerez votre livre en sachant en augmenter la valeur. En outre, je peux vous promettre que vous pourrez réutiliser cette méthode en 8 étapes simples et efficaces à l'infini. Best-seller après best-seller! Il vous suffit de lire attentivement et de mettre en pratique les recommandations que vous lirez.

N'hésitez plus. N'attendez plus pour lire *Comment écrire un best-seller. 8 étapes simples et efficaces* et commencez à écrire des livres qui se vendent. Réalisez votre rêve et devenez un auteur de best-sellers.

Ne faites pas partie de ce groupe de personnes qui loupent les opportunités parce qu'elles ne savent pas prendre de décision. Devenez la personne admirée de tous, celle dont tout le monde dit : « Mais, comment fait-elle pour publier tous ces best-sellers ? »

Soyez la personne qui sait prendre des décisions et les exécuter immédiatement.

ECRIVEZ VOTRE BEST-SELLER maintenant à l'aide de *Comment écrire un best-seller. 8 étapes simples et efficaces.*

Les conseils réunis dans ces 8 étapes simples et efficaces que vous êtes sur le point de lire vous permettront d'obtenir des résultats brillants à court terme. La seule chose que vous devez faire pour écrire votre best-seller est de continuer la lecture et ECRIRE ! ECRIRE ! et encore ECRIRE !

Chaque étape fourmille de nouvelles notions qui vous procureront un plan pour structurer votre livre et le transformer en best-seller. Ainsi vous saurez soigner votre recherche, votre écriture, votre contenu, votre peur d'échouer (eh oui!), votre peur de la page blanche, vos relectures, vos corrections et par-dessus tout PRENDRE SOIN DE VOS LECTEURS.

De plus, vous aurez le plaisir de recevoir un bonus qui à lui seul vaut le détour. Mais, je ne vous en dis pas plus. C'est à vous de jouer maintenant.

Prenez le contrôle de vos publications tout de suite. Écrivez votre livre et libérez l'auteur de best-seller qui est en vous.

Lisez *Comment écrire un best-seller. 8 étapes simples et efficaces* !

Etape 0 : Soignez votre niche

J'appelle cette étape, étape 0, car en fait, tout cela se passe avant le processus d'écriture proprement dit. Néanmoins cette étape est indispensable pour mener à bien un projet de best-seller. D'un autre côté, si vous êtes calé en écriture et ventes de livres, vous pouvez sauter cette étape.

Une niche est définie le plus communément par « petit segment du marché ». Maintenant, si comme moi vous écrivez simplement sur tout ce qui vous plaît, vous ferez peu de cas d'une niche. Vous écrivez, mettez vos livres en vente, et voilà tout.

En revanche, si vous désirez écrire et être quasi certain de vendre vos livres, alors vous choisissez une niche. Vous voulez trouver une niche qui n'est pas complètement submergée par les livres, mais qui présente assez de compétition pour qu'il y du trafic et, surtout, des clients. Ecrire pour une niche est une question de marketing. Vous avez un public plus restreint, mais un public ciblé que vous êtes certain d'atteindre, un public qui remarquera vos titres. Ajoutez à cela que si vous écrivez du contenu de qualité, ce même public adorera vos livres et en redemandera. De là l'avantage à être 1) une autorité dans votre domaine, 2) à écrire du contenu de qualité qui apporte quelque chose à vos clients et qui solutionne leurs problèmes.

D'un autre côté, les chances d'être remarqué d'un public et donc de clients potentiels sont très restreintes si vous écrivez pour une niche saturée.

Encore un mot. La niche est différente de la catégorie. Par exemple, si vous faites une recherche sur Amazon ou la Fnac dans la section « Livres », vous trouvez des Rubriques (catégories) de livres comme Policiers et Suspense et en cliquant dessus, Thrillers, Polars historiques, Romans noirs, Héros, mais pas des catégories comme Héros de la Guerre de Corée ou Détectives féminins. C'est cela une niche. Si vous décidez de vous spécialiser dans les Polars historiques avec des détectives féminins, vous écrirez pour une niche.

Mais attention ! Inutile de vendre votre âme pour absolument écrire dans une niche spécifique parce que cela serait vendeur. En un mot : Evitez d'écrire en fonction du marché. Si vous voulez écrire sur des Détectives féminins dans des polars historiques, c'est bien. Mais, uniquement à condition que cela vous plaise vraiment et que vous éprouviez du plaisir à le faire. Si cela n'est pas le cas, votre lecteur le sentira et il s'ennuiera en vous lisant si vous vous ennuyez en écrivant.

Personnellement, j'aime écrire sur la littérature. Alors, naturellement mon roman *Crimes à l'université*, un thriller comporte pas mal de sections de littérature. Certains lecteurs adorent, d'autres non. Mais, je me suis fait un plaisir énorme en l'écrivant. De toute évidence, si quelqu'un est imperméable à la littérature, mon roman sera une perte de temps pour cette personne. En revanche, ceux qui aiment lire sur la littérature prennent beaucoup de plaisir à suivre toutes les péripéties des différents personnages.

Résumé:

* Choisissez bien votre niche.

* Quelle que soit votre niche : écrivez du contenu de qualité.

* N'écrivez jamais pour le marché.

Notes :

Etape 1 : Soignez votre plan

Après avoir décidé de votre sujet, trouvé un titre et un sous-titre, il vous faut établir un plan. Cela vous semble peut-être inutile. Il est vrai que chaque auteur écrit de manière différente, mais si vous n'êtes pas encore un auteur super chevronné, cela vous sera très utile. Par ailleurs, sachez également qu'un plan est sujet à de grands changements en cours d'écriture, mais comme ligne de départ, je le trouve personnellement, indispensable.

Par ailleurs, avant d'avoir votre titre et votre sous-titre, vous aurez, dans l'idéal, choisi dans quelle niche vous allez publier. Mais, lorsque vous avez votre titre et votre niche, vous savez déjà sur quoi vous allez écrire. Dès que vous avez trouvé votre sous-titre, vous savez aussi ce que votre livre devra contenir.

Pour vous donner une idée exacte de votre contenu, vous pourrez rechercher ce que les auteurs dans votre niche ont écrit dans leurs livres. Pour cela, il est inutile d'acheter une masse de livres que vous n'aurez, selon toute probabilité, pas le temps de lire de toute façon. Toutefois, si vous regardez sur Amazon, un grand nombre d'auteurs ont mis leurs ouvrages dans le Kindle illimité, cela vous donne la possibilité d'emprunter ces livres et de les feuilleter. Vous verrez dans les tables des matières tout ce dont ces livres parlent.

Par exemple, si vous avez l'intention d'écrire sur « Le patin à glace », vous verrez que beaucoup de personnes mettent des théories et des conseils sur la manière de gagner, ce qu'il faut faire et ne pas faire et quels sont les meilleurs patineurs au monde. C'est bien, mais si personne ne l'a fait, ajoutez par exemple quelles sont les meilleures tenues pour vraiment être à l'aise pour patiner. Donnez quelques conseils sur la bonne manière de s'entrainer en dehors de la glace, etc.

Si vous travaillez sur les « Plantes médicinales », vous verrez que les gens parlent au moins de dix plantes différentes, de leurs propriétés, de la manière de les utiliser, des catégories de problèmes qu'elles peuvent aider à guérir. Vous pourrez reprendre quelques-unes des herbes indiquées, mais ne copiez jamais ni le titre du chapitre ni le contenu. Surtout, prenez soin d'inclure quelques herbes de votre connaissance et quelques-unes de vos expériences avec ces herbes.

En fait, vous devrez inclure dans votre livre tout ce que vos collègues auteurs ont inclus dans les leurs et ajouter quelque chose de votre cru. Principalement, des choses essentielles qu'ils ont omises. Pendant votre recherche, vous trouverez très certainement quelque chose d'intéressant.

Souvenez-vous que les lecteurs ne veulent certainement pas retrouver les mêmes conseils ou astuces dans tous les livres. Mais, ils veulent trouver une information différente. C'est là que vous intervenez. Vous créez un livre unique avec une touche de vous-même, c'est ce qui différentie votre livre de toute la compétition sur le marché. Vous pouvez aussi regarder les commentaires que les lecteurs laissent sur les livres les mieux vendus de votre niche. Cliquez sur les commentaires négatifs et voyez les reproches que certains clients ont faits, ce qu'ils n'ont pas aimé. De cette façon, vous prendrez garde de ne pas répéter les mêmes erreurs.

C'est bien connu qu'un grand nombre d'auteurs de livres autoédités, et cela sur n'importe quel sujet, n'ont fait que plus ou moins recopier ce qui était déjà écrit dans d'autres livres. Evitez de faire la même chose.

Donnez-vous du mal pour vos lecteurs et écrivez votre expérience et votre histoire. Vos lecteurs vous en seront reconnaissants.

Pour écrire, le mieux est de se baser sur le sous-titre, d'où son utilité. Par exemple, avec mon livre *Comment écrire un livre et avoir du succès. 12 étapes simples et efficaces*, le sous-titre « 12 étapes simples et efficaces » m'a énormément aidé à justifier mon écriture. On peut écrire étape par étape et, éventuellement, sauter d'une étape à l'autre selon l'inspiration ou l'état de la recherche. Dans la prochaine étape, nous parlerons de la recherche.

Résumé:

* Ne recopiez jamais vos collègues, mais inspirez-vous de leur travail.

* Regardez ce qu'ils ont omis de mettre dans leurs livres et mettez-le dans le vôtre.

* Offrez à vos lecteurs un plus et votre livre sera plus enrichissant que les autres.

Notes :

………………………………………………

………………………………………………

………………………………………………

Etape 2 : Soignez votre recherche

Arrivé à ce stade, vous devez vraiment approfondir votre recherche, mais cela est plus facile que vous ne l'imaginez. Comme nous l'avons vu précédemment, vous pouvez lire des livres sur votre thème en vous connectant à Kindle illimité. Cela vous coûtera à peine 9 euros par mois et vous pourrez lire autant de livres que vous le désirerez. Comme dans une bibliothèque physique, il s'agit simplement de rendre les livres lorsque votre quota est atteint. Ainsi, par roulement, vous pourrez lire des centaines de livres.

Ces livres sont une véritable mine d'or et vous y trouverez beaucoup plus d'informations intéressantes que ce que vous pourriez trouver sur Internet. N'oubliez pas qu'ils sont en fait votre concurrence et qu'il est toujours de bonne guerre de connaître les armes de la compétition. En les lisant, vous pourrez avec plus de facilité orienter votre livre dans la bonne direction.

Plusieurs auteurs traitant de l'écriture vous suggéreront que vous devez faire votre recherche en premier et vous mettre à écrire ensuite. Selon moi, c'est une mauvaise technique. Il est nettement préférable d'écrire en même temps. Pour écrire un best-seller, vous devrez faire beaucoup de relectures et de corrections. Par ailleurs, en tant qu'auteur vous avez besoin de laisser votre créativité s'exprimer. Ecrire est loin d'être un processus rigide. Cela ne fonctionne pas ainsi. Vous voulez que votre livre soit intéressant, amusant et bourré d'informations. Personne n'aime lire un livre ennuyeux et difficile à comprendre. Personne n'aime lire un livre dans sa propre langue et être obligé de se saisir d'un dictionnaire toutes les pages.

Votre livre doit être pour tout le monde, dans un langage clair et limpide et fournir des informations utiles. Cela signifie que vous devrez écrire de façon intelligente, mais d'une manière simple. C'est beaucoup trop difficile à faire si vous avez effectué toute votre recherche avant de commencer à écrire. Très souvent, vous aurez oublié de prendre des notes complètes, ou bien vous aurez oublié de noter le lien où vous avez trouvé une certaine information. Parfois, il est difficile de relire ses notes, qu'elles soient manuscrites ou à l'ordinateur. Les abréviations qui nous semblaient couler de source sur le moment nous semblent soudainement de véritables rébus et sont devenues des casse-têtes indéchiffrables.

Le mieux est d'écrire au fur et à mesure de votre recherche et de rendre votre écriture intéressante. Mettez-vous à la place de votre lecteur. Imaginez que vous lisez un livre sur les tulipes. Non seulement vous aimerez bien lire où poussent les tulipes, d'où elles proviennent, mais vous aimerez particulièrement savoir que les oignons de tulipes au XVIIe siècle valaient littéralement leur pesant d'or aux Pays-Bas (qui à l'époque étaient encore la Hollande). De même, ne serait-il pas intéressant si l'auteur avait inclus un résumé de deux ou trois lignes de *La Tulipe bleue* ou *La Tulipe noire*?

En ce qui me concerne, j'aime bien pouvoir me « promener » dans le livre que je suis en train d'écrire et aller d'un chapitre à l'autre selon les informations que je trouve ou qui me passent par la tête. Pour cette raison, j'aime écrire mes livres de non-fiction avec Scrivener. C'est ordonné et je peux en clin d'œil voir les titres de mes chapitres et passer de l'un à l'autre si nécessaire. Mais, chaque auteur est différent et peut-être préférerez-vous écrire de façon linéaire, chapitre après chapitre.

Quelle que soit la méthode que vous préférez, soignez votre écriture!

Résumé

* Approfondissez votre recherche.

* Lisez les autres auteurs dans votre niche.

* Ne copiez jamais les autres, mais inspirez-vous d'eux.

Notes :

… … … … … … … … … … … … … … … ……

… … … … … … … … … … … … … … … ….

… … … … … … … … … … … … … … … ….

Etape 3: Soignez votre écriture

En résumé, c'est à vous de choisir votre mode d'écriture, linéaire ou aléatoire. Parfois, vous remarquerez un besoin de sauter à un autre chapitre. Avoir une table des matières élaborée est dans ce cas très pratique. Si je suis dans un document Word, j'aime bien faire une table avec des liens ce qui me donne la possibilité de naviguer d'un chapitre à l'autre. De cette façon, je peux ajouter quelques mots opportuns à un autre chapitre pour préciser ma pensée au cours de ma recherche et ensuite revenir au chapitre que je suis en train d'écrire. Et rappelez-vous qu'être coincé sur un chapitre ne veut pas nécessairement dire que vous n'aurez pas un best-seller.

En vous y prenant d'une façon pratique et

structurée, vous pourrez écrire sur n'importe quel topique. Par exemple, je ne fais pas de patin à glace, mais je peux très bien écrire un livre intéressant sur le sujet. Tout ce qu'il faut, c'est être flexible et connaître les informations dont vous avez besoin. Si vous avez déjà écrit des livres de non-fiction, vous savez la quantité de recherche que vous devez faire pour écrire un millier de mots sur un certain sujet.

Personnellement, j'essaie d'écrire des chapitres qui font entre cinq cents et mille mots. Donc, chaque topique sur lequel j'écris dans un livre me demande autant de recherche. Pour être en mesure d'écrire un millier de mots, je dois lire en diagonale quelques livres sur le sujet ou bien consulter au moins quatre ou cinq sites Internet. En revanche, un petit livre n'aura peut-être que deux ou trois chapitres. Ne sous-estimez pas cette partie, car pour écrire sur un sujet inconnu de vous, il vous est nécessaire de trouver des informations. C'est en recoupant celles que vous trouverez chez d'autres auteurs que vous pourrez formuler les vôtres.

On ne le répétera jamais assez: ne copiez pas ! Inspirez-vous de vos confrères, ne les plagiez pas!

Un autre point qu'il est nécessaire de répéter encore et encore, c'est:

SOIGNEZ VOTRE ECRITURE !

Dans un premier temps, vous rédiger votre livre sans trop vous préoccuper des phrases, de la syntaxe, des accords. Cela viendra plus tard pendant la phase de correction. Toutefois, plus vous aurez de corrections à faire, plus cela sera ennuyeux et vous prendra du temps.

Une bonne méthode est d'améliorer votre écriture autant que vous le pouvez en lisant beaucoup de bons auteurs. Pas nécessairement les classiques, bien que cela ne puisse certainement pas vous faire du mal bien au contraire. Mais, lisez surtout les auteurs qui ont du succès. Pourquoi ont-ils du succès? C'est tout de même parce que leurs livres plaisent au plus grand nombre. Leurs livres sont écrits dans un langage simple et les explications y sont claires. Par ailleurs, cela vaut tout autant si vous écrivez un ouvrage de fiction ou de non-fiction. La clé du succès reste, dans la plupart des cas (pas dans tous, c'est vrai), la qualité. Comme dans toute chose, il y a des exceptions, mais comme leur nom l'indique: elles sont l'exception.

Donc votre contenu doit être facile d'accès et résoudre un problème pour vos lecteurs.

Résumé:
* Une bonne table des matières vous aidera à naviguer dans votre livre.
* Ne copiez pas vos confrères, mais inspirez-vous d'eux!
* Offrez une écriture de qualité à vos lecteurs.

Notes :

… … … … … … … … … … … … …..
… … … … … … … … … … … … …
…………………………………………

Etape 4 : Soignez votre contenu

Cette étape rejoint un peu la précédente. En effet, en soignant votre écriture, vous soignerez aussi automatiquement votre contenu.

Si vous essayez de faire un nombre de mots par chapitre, vous remarquerez la difficulté à y arriver qui survient parfois avec un certain topique. N'essayez pas dans ce cas d'ajouter plus de redondances ou de statistiques. C'est monotone. Bien que ce soit des faits, avérés ou non, personne n'a envie de lire des pages et des pages de graphiques. Après tout, vous écrivez un livre et non un rapport. De même, il est inutile de rallonger vos phrases par des tournures moins naturelles. Allez au fait : limpide et clair. Facile à lire. C'est le but recherché en non-fiction.

Votre contenu doit apporter quelque chose à votre lecteur. S'il achète votre livre, c'est pour trouver une solution à un certain problème qui le préoccupe, pas pour tout connaître sur le sujet. Pour cela, il y a des encyclopédies et des ouvrages spécialisés.

Allez toujours directement au but. Ajouter des faits intéressants ou des anecdotes. Vous pouvez aussi ajouter des explications ou des définitions de mots inhabituels qui sont indispensables pour la compréhension de votre sujet. Mais, le mieux est encore d'ajouter des anecdotes qui plairont à vos lecteurs et allègeront votre contenu.

Si vous écrivez sur le radis noir, par exemple, vous pouvez dire que c'est une plante antivirale efficace et expliquer la signification du mot si vous ne l'avez pas encore fait. Toutefois, ne dites pas que c'est un antiviral et indiquez des statistiques que tout le monde trouvera lassantes à lire. Oui, ce sont bien des faits, mais ce n'est pas le genre de choses que vous voulez dire à vos lecteurs. A la place, donnez-leur des indications utiles.

Si on prend l'exemple du radis noir, beaucoup de gens vous diront que c'est bon pour la santé, mais beaucoup de personnes le trouvent trop piquant et le goût fort. En revanche, peu de personnes savent que si vous râpez le radis noir et le mettez à mariner deux jours dans un saladier avec du sucre il fera un excellent sirop contre la toux, et que cela doublera ses propriétés médicinales. Mettre cette petite recette dans votre livre sera un bon ajout à votre chapitre et rehaussera la valeur de votre livre.

Essayez donc de penser différemment et de réfléchir à ce que les gens aimeraient lire en recherchant le topique. Trouvez-leur l'information qui leur sera utile.

Quel que soit le sujet que vous traitez dans

votre livre, faites en sorte qu'il reste intéressant du début à la fin. Mieux vaut un livre court et bourré d'informations utiles qu'un gros livre aux phrases boursoufflées qui ne font qu'ajouter au nombre de mots sans aucune utilité. Les lecteurs préféreront de loin un livre court qui traite le sujet de façon ordonnée et claire, qu'ils pourront lire rapidement et obtenir ainsi l'information qu'ils cherchaient.

N'ayez pas peur d'être concis. Si votre chapitre est plus court, qu'importe, les lecteurs ne comptent pas le nombre de mots, mais ils évaluent les bénéfices de lire votre livre plutôt qu'un autre.

Résumé:
* Ecrivez dans un style clair, facile à lire.
* Donnez le plus possible d'informations sur le sujet.
* Préférez quelques anecdotes aux statistiques.

Notes :

… … … … … … … … … … … … … …

… … … … … … … … … … … … … …..

… … … … … … … … … … … … … ……

Etape 5 : Soignez votre peur

On a tous entendu parler du syndrome de la page blanche, ou de la hantise de la page blanche, de peur de la page blanche, d'angoisse de la page blanche. Le fait de ne plus pouvoir écrire. C'est un problème que beaucoup d'écrivains rencontrent et vous, en tant qu'auteur, pourrez y être confronté.

Le nom savant de cette peur est la leucosélophobie. On dirait un peu le nom d'une maladie grave, voire mortelle. Or, il n'en est rien. Toutefois, si vous vous retrouvez devant votre page blanche avec la peur de la remplir ou devant votre écran d'ordinateur avec la même crainte, vous devez vaincre cette angoisse si vous voulez écrire un best-seller!

Si vous êtes l'une de ces personnes qui craignent le succès, alors vous êtes susceptible de souffrir du syndrome de la page blanche. Vous avez probablement peur de ne pas être à la hauteur. Vous vous comparez aux grands écrivains, et vous pensez que ce que vous écrivez ne vaut rien. Mais, dites-vous bien que ce que vous lisez des auteurs que vous admirez a été relu et corrigé plusieurs, voire des centaines de fois.

La peur de la page blanche peut arriver à n'importe qui. Que vous soyez professeur de littérature ou simplement une personne qui écrit, vous n'êtes pas à l'abri de souffrir un jour ou l'autre de cette angoisse. Vous savez que votre nom apparaîtra sur l'ouvrage terminé et cela vous effraie. Si vous êtes un écrivain fantôme ou si vous écrivez sous un pseudonyme, les choses peuvent être légèrement plus aisées. Si vous êtes un ghostwriter, votre client vous dira si ce que vous avez écrit ne lui plaît pas, si c'est mauvais. Alors, vous réécrirez le texte, et c'est tout. Vous aurez une sorte de soupape pour relâcher la pression. Mais, si vous écrivez sous votre propre nom, vous saurez si cela plaît, seulement une fois que ce sera publié !

C'est la raison pour laquelle vous devez être prêt psychologiquement à affronter ce syndrome. Il existe des signes avant-coureurs. La procrastination en est un. Plus vous reculez le moment d'écrire, plus il vous sera difficile de vous y mettre.

Un bon moyen d'éviter l'angoisse de la page blanche est d'avoir une heure fixe tous les jours, à laquelle vous vous mettez à écrire. Que ce soit à votre bureau avec papier et stylo ou au clavier avec votre ordinateur, une routine d'écriture journalière peut énormément vous aider. Si vous avez la possibilité d'écrire plusieurs heures par jour, assurez-vous de prendre quelques pauses de temps en temps.

Personnellement, j'écris le matin dès que je suis prête pour la journée, c'est-à-dire, après la douche, le petit-déjeuner, un peu de rangement, soigner les chiens et les chats. Je me mets à ma table de travail ou devant mon ordinateur selon ce que j'écris à ce moment-là. Puis, j'écris pendant une heure sans discontinuer. Ensuite, je fais une pause un peu plus longue que le fait de me servir une tasse de thé. Et, je me remets à écrire. Pas de Facebook ou autre, pas de navigation sur le Net. Seulement écrire. Certaines personnes préconisent d'écouter de la musique en même temps. Cela peut fonctionner pour certains et pourra fonctionner pour vous. Pas pour moi. Je préfère le silence et la concentration. J'ai les chiens qui me rendent visite ou les chats pour me distraire !

Si vous n'avez pas le luxe de pouvoir vous adonner à l'écriture dès le matin, pensez à écrire une heure par jour. Et cela, quelles que soient vos autres occupations de la journée. Mais, de préférence toujours à heures fixes.

Ecrivez, sans peur et sans reproche, pour employer une formule de circonstances. C'est votre premier jet le plus important. Certaines de vos phrases peuvent être formulées un peu bizarrement à ce stade : vous vous en occuperez plus tard pendant les corrections.

Résumé:

* Ecrivez tous les jours.

* Ecrivez de préférence à la même heure pour forger une routine.

Notes :

… …
… …
… …

Etape 6 : Soignez vos corrections

Une fois votre premier jet écrit, vous devez vous relire et vous corriger. En effet, si tout s'est déroulé de manière satisfaisante, vous avez écrit sans vous retenir et vous avez maintenant un texte où les phrases peuvent être mal formulées et où il y a plein de fautes d'orthographe et d'erreurs de syntaxe où, cela est plus que probable, il y a des incohérences. Cela n'est pas grave, c'est pour cela que vous allez vous relire et faire des corrections.

Cependant, si relire semble ne pas occasionner de confusion, il en va tout autrement avec les corrections. La plupart des personnes pensent que faire les corrections signifie changer un ou deux mots ici et là, ajouter une virgule, faire un accord, etc. Or, une relecture de votre texte implique une réécriture. Cela semble simple à dire, mais c'est tout de même ardu à faire.

Une réécriture bien faite de votre best-seller lui enlèvera les incohérences qu'il pourrait contenir en plus de corriger toutes les autres petites et grandes imperfections.

Faut-il faire ses corrections soi-même ou bien les faire faire par un pro ? Là comme partout ailleurs, les avis sont partagés, comme toujours sur toutes les questions. Personnellement, je vous conseille de faire le plus possible de corrections vous-même et seulement en dernier ressort, une fois que vous sentez avoir donné tout ce que vous pouviez, de confier votre texte à une tierce personne, un professionnel de préférence.

En premier lieu, laissez votre texte sans y toucher pour une semaine ou deux. Commencez un autre livre pendant ce temps-là et profitez-en pour rattraper vos lectures en retard, puis revenez vers votre livre et lisez-le comme si vous ne l'aviez jamais vu auparavant.

Etes-vous vous satisfait, très satisfait, pas du tout satisfait du résultat ? Questions très importantes. Si vous êtes très satisfait, il y a selon toute probabilité des endroits à revoir, ne serait-ce que parce qu'il s'agit d'une règle impérissable ! Rien n'est jamais parfait ! N'êtes-vous pas du tout satisfait de vos écrits, alors la solution est simple : tout reprendre à zéro ! C'est plus facile qu'il n'y paraît. En revanche, si vous êtes juste satisfait, c'est vraisemblablement que vous tenez le bon bout. Une bonne relecture et des corrections sévères vous mèneront indubitablement à avoir un bon texte. Et, c'est par là qu'il vous faudra continuer.

Sans vouloir rester plusieurs jours sur chaque mot, il est bon de peser le pour et le contre des expressions que vous employez. Ne répétez-vous pas trop souvent le même verbe? N'utilisez-vous pas des adverbes en trop ? A l'inverse, prenez-vous bien garde de mettre des adjectifs pertinents là où il faut pour préciser votre pensée? Autant de questions, et bien d'autres, auxquelles il vous faudra répondre en relisant et corrigeant votre texte. Par ailleurs, cette partie est aussi bien valable si vous écrivez de la fiction ou de la non-fiction. La phase de réécriture et de corrections est tout aussi importante dans l'une comme dans l'autre.

Si vous révisez et corrigez vos chapitres au fur et à mesure, cela vous fera moins de travail lorsque vous aurez terminé votre écriture. En outre, vous pourrez ainsi refaire une relecture à la fin ce qui fera une double correction. Ce ne peut être mauvais !

Faire de bonnes relectures et des corrections est une des façons de prendre soin de votre lecteur.

Résumé:
* Votre premier jet écrit, laissez votre texte

reposer.

* Commencez un autre livre en attendant.

* Relisez et corrigez votre texte autant de fois que vous le sentez.

* Corrigez, corrigez, corrigez !

* Puis, remettez-le éventuellement à un correcteur.

Notes :

… … … … … … … … … … … … … … … … … …
… … … … … … … … … … … … … … … … … ….
… … … … … … … … … … … … … … … … …

Etape 7 : Soignez vos lecteurs

Ne perdez jamais de vue que vous écrivez pour vos lecteurs. Cela est particulièrement vrai si vous écrivez de la non-fiction. Ecrivez de manière naturelle de façon à ce que vos livres soient compréhensibles pour tout le monde. Si vous voulez écrire un best-seller, n'essayez pas d'impressionner vos lecteurs. Vous n'êtes pas en compétition avec un professeur de littérature : vous écrivez pour des gens simples comme vous et moi.

Respectez vos lecteurs. Ce ne sont pas des enfants ignorants. La plupart des personnes qui achètent un livre sur un sujet donné, c'est parce qu'elles s'y intéressent et, probablement, possèdent déjà de bonnes connaissances de la matière. Donnez-leur des faits. Personne n'est vraiment intéressé à lire vos opinions. Bien sûr, vous pouvez ici et là transmettre votre idée ou votre méthode sur une chose. Mais, cela doit appuyer un fait, pas le remplacer.

Par exemple, pour reprendre l'exemple du radis noir vu plus haut, vous ne pouvez pas dire « Le radis noir est le meilleur remède contre la toux. » Ce n'est pas quelque chose que vous pouvez savoir ou qui est prouvé. En revanche, si vous dites que le radis noir râpé avec du sucre à un goût très agréable, c'est possible si c'est le cas et si vous y avez déjà goûté. C'est une opinion, mais c'est aussi un partage.

En fait, vous ne devriez pas tout connaître du sujet sur lequel vous allez écrire. C'est en faisant de la recherche que vous tomberez sur des trucs intéressants à transmettre à vos lecteurs. Par ailleurs, il est inutile de tout connaître. Pas plus qu'il n'est nécessaire de le prétendre. Après tout, c'est la raison pour laquelle vous faites votre recherche. La recherche que vous effectuez est celle que vos lecteurs n'auront pas à faire eux-mêmes. C'est la raison, du moins une des raisons, pour laquelle ils achètent vos livres. Il est donc impératif de bien faire votre travail.

Vos lecteurs doivent avoir confiance en vous. Une seule faute grossière peut faire basculer cette confiance en de la méfiance. Et, je ne parle pas ici des erreurs de grammaire, car tout le monde peut en faire, mais des erreurs de fait. Contrôler vos faits plutôt deux fois qu'une. Vos lecteurs doivent pouvoir s'abandonner à vos écrits. Faites-leur voir que « Vous le valez bien »!

Que vos livres soient justes de ton et de faits fera de vous un auteur de best-sellers. C'est-à-dire, des livres qui se vendent, que les gens achèteront parce que vous leur apporterez des solutions à des problèmes. Cela ne vous garantira pas un succès planétaire, mais le respect de vos lecteurs qui deviendront peut-être vos fans.

Résumé:

* Vous écrivez pour des gens normaux, pas pour impressionner les profs de littérature.

* Contrôler vos faits plutôt deux fois qu'une.

* N'écrivez jamais une chose dont vous ne savez rien.

* Respectez vos lecteurs en leur donnant le meilleur de vous-même.

Notes :

… … … … … … … … … … … … … … … … …

… … … … … … … … … … … … … … … … …

… … … … … … … … … … … … … … … … …

Etape 8 : Soignez vos lectures

C'est non seulement en écrivant que l'on devient écrivain, mais c'est aussi en lisant que l'on devient auteur de best-seller. Lisez beaucoup, lisez énormément et vous ne lirez jamais assez !

Une règle d'or est de lire des livres beaucoup de livres. Cela coule de source, mais beaucoup de personnes l'ignorent. Ce n'est pas pour copier vos auteurs favoris, mais à un certain point pour vous en inspirer. Vous assimilerez ainsi inconsciemment les charnières de leur écriture. Ce qui « marche » !

Un autre précepte qui coule de source, c'est de lire des livres dans le genre où vous voulez écrire. Vous voulez écrire des romans d'amour ? Bien, lisez des romans d'amour. Si au contraire vous prévoyez d'écrire des romans à suspense, lisez des romans à suspense et ainsi de suite.

Une autre recommandation que je peux vous faire c'est de lire des livres vous expliquant la syntaxe, l'orthographe, la grammaire. Feuilletez autant que vous le pouvez les dictionnaires de synonymes. Recherchez les mots correspondant à un domaine particulier. Consultez les dictionnaires regroupant les homonymes. Et, si vous en avez l'opportunité, fréquentez les universités populaires.

Sans vouloir ou devoir à tout prix retourner à l'école, remettre votre niveau à flot ne pourra assurément pas vous faire de mal. C'est fou ce que l'on oublie rapidement les règles les plus élémentaires de la grammaire. Comparez-le avec apprendre une langue étrangère.

Vous allez en vacances à l'étranger, Espagne, Grèce, Italie, peut importe et vous apprenez quelques phrases pour vous débrouillez à votre hôtel, au restaurant et cela vous donne l'impression de parler la langue. Les gens vous comprennent et vous arrivez à les comprendre. Mais, un an ou deux plus tard, vous avez totalement oublié ces expressions. Il en va de même avec votre grammaire. Vous avez quitté l'école et vous avez tout oublié, soyez-en assuré. Quant aux synonymes, ils sont bien pratiques pour éviter de constamment vous servir de mêmes vocables.

D'autres livres utiles, pour ne pas dire incontournables, sont aussi ceux où des auteurs confirmés parlent de leur métier. Comme, par exemple Stephen King dans *Ecriture: Mémoire d'un métier* ; Elizabeth George, *Mes secrets d'écrivain* ; Rainer Maria Rilke, *Lettres à un jeune poète,* Michel Houellebecq dans *Rester vivant* pour ne nommer que ceux-là. Leurs ouvrages vous feront réfléchir sur l'écriture, la littérature, le métier d'écrire, la philosophie qui sous-tend le fait d'écrire et encore bien plus que tout cela.

Par ailleurs, je ne saurais trop vous recommander de lire les classiques. Et, de les relire. Il y en a tant que vous trouverez toujours un auteur qui vous « parle », un livre qui vous inspire. Une bonne chose sera aussi de les analyser. Sans vous mettre absolument à faire une licence ou un master, rien ne vous empêche de décortiquer les ressorts d'un livre. C'est enrichissant.

Sachez, entre autres, qu'il y a des formules, appliquées sciemment ou inconsciemment, que l'on retrouve dans tous les grands best-sellers. (Je ne parle pas des livres médiatisés, mais de ceux qui ont résisté au fil du temps et ont été appréciés par des millions de lecteurs.) Si vous avez la chance de lire plusieurs langues, vous verrez que ces mécanismes sont présents dans chacun d'eux.

Il existe bien des ouvrages sur le sujet. Vous pourriez en prendre connaissance.

Résumé:

* Faites votre recherche et affinez vos lectures.

* Lisez les « grands » auteurs et connaissez vos classiques.

Notes :

… …
… ….

Conclusion

Si vous avez lu ce livre avec attention, vous vous rendez compte qu'écrire un best-seller consiste en plusieurs étapes distinctes les unes des autres, mais qui, ensemble, forment un tout inaliénable.

Dans cet ouvrage vous avez pu comprendre l'importance du choix de votre niche ou du moins d'être conscient que vous écrivez toujours pour une niche. Vous avez pu aussi vous rendre compte de la nécessité d'avoir un plan, plus ou moins élaboré selon votre méthode. Vous avez aussi pu voir que faire de la recherche sur votre topique n'est pas aléatoire, mais indispensable.

Bien entendu, vous avez compris, car vous le saviez déjà, que votre écriture doit être au summum de ce que vous pouvez offrir. Ce qui vous a amené à percevoir l'opportunité à présenter un contenu de grande qualité dans votre livre.

Par ailleurs, vous avez vu que votre peur de l'échec peut vous empêcher d'atteindre vos objectifs et vous avez aussi vu comment y remédier. Nous avons revu ensemble le grand soin qu'il faut apporter aux relectures et aux corrections. Et nous avons aussi, du moins c'est à espérer, dissipé le malentendu qu'il existe à ce sujet.

Tout cela, nous le faisons pour nos lecteurs. Car c'est, au final, d'eux qu'il s'agit. Ni de vous ni de moi, mais de tous ceux qui nous liront. Nous voulons leur procurer un grand plaisir de lecture. Et pour ce faire, l'étape la plus importante de toutes représente nos lectures.

Avant de commencer toute écriture, je vous conseillerais de faire une liste de livres à lire, de les lire attentivement, d'en décerner les mécanismes, puis seulement de vous mettre au travail d'écriture. Ne pensez pas que vous perdrez ainsi votre temps. Bien au contraire, en lisant avec un projet d'écriture en tête, vous lirez différemment et vous apprendrez beaucoup.

En effet, avant d'écrire, il faut apprendre à lire. Comprendre le travail de l'auteur. Pour cette raison, il est indispensable de lire des auteurs ayant fait leurs preuves. Des auteurs qui ont résisté au temps. Et, aussi des auteurs contemporains qui font la « Une ».

Vous pensez peut-être que je me répète en vous disant cela. En un sens, vous n'avez pas tort. Mais, on ne le répétera jamais assez : Lisez, Lisez, Lisez. Ce n'est qu'à ce prix que vous aurez des chances de devenir l'auteur d'un best-seller.

Je vous avais promis un bonus. Tourner la page, le voici.

Bonus 1

Extrait de *Crime à l'université*

Deux mois auparavant, la découverte macabre du corps d'Eva Struiter engoncé dans un placard de son bureau avait sérieusement perturbé toute l'université et particulièrement la faculté de Lettres. Le département de français se remettait lentement de ses émotions. Puis, avec l'arrestation d'un amant éconduit et violent, tous avaient respiré, soulagés. L'homme criait haut et fort que s'il avait bien rendu visite à Eva – il pouvait difficilement le nier, le portier l'ayant positivement identifié – elle était encore en vie lorsqu'il l'avait quittée. Selon ses dires, ils avaient pris congé dans les meilleurs termes. Quel intérêt aurait-il eu à la tuer puisqu'elle avait décidé de renouer et qu'ils devaient se rencontrer dans la soirée. Il ne serait pas le premier assassin à clamer son innocence. L'inconvénient était que le portier ne l'avait pas vu ressortir du bâtiment. Or, l'heure de son départ aurait pu procurer une indication précise. Celle du décès avait été fixée par l'anatomopathologiste entre trois heures, heure à laquelle Eva avait quitté la salle de cours et cinq heures de l'après-midi. Gabrielle pensait être arrivée à seize heures trente. Donc, cela situait le meurtre avant, à moins que... Il était impossible de déduire si le tueur avait commis son forfait dans le bureau ou ailleurs, dans le couloir par exemple, et transporté le corps dans le placard ensuite... ou pendant l'excursion de Gabrielle à la bibliothèque.

Le commissaire optait pour le bureau comme lieu du crime. Avec les nombreuses allées et venues dans les corridors, peu probable que le meurtre fut passé inaperçu. D'un autre côté, les cours se terminaient à quinze heures ce jour-là et la plupart des étudiants s'étaient dispersés tout de suite, quelques-uns vers la bibliothèque. La cantine était fermée à partir de trois heures ; aucun ne s'y était attardé, exception faite d'un petit groupe qui avait quitté les lieux vers seize heures. Quoi qu'il en soit, personne n'avait rien noté d'anormal. D'autre part, le manque de traces de lutte sur le corps indiquait que la victime connaissait son agresseur. Tous les indices penchaient en défaveur de Joost van Dame.

La pièce était comme à l'accoutumée baignée à outrance par les rayons crus des néons. Le commissaire avait bien, sur sa table de travail, une lampe plus sympathique, mais il persistait à affirmer qu'elle éclairait trop peu, que cela produisait des ombres gênantes qui le distrayaient pour la lecture des documents, bref, qu'il préférait la clarté à la pénombre. Quant à lui, l'inspecteur Hartevelt présent de l'autre côté du bureau se serait bien passé de cet aveuglement disproportionné. Il mâchonnait un cure-dent avec application, le faisant aller d'un coin des lèvres à l'autre à l'aide de sa langue. Depuis l'interdiction totale de fumer dans les lieux publics, il s'employait à arrêter complètement. Sortir sur le trottoir à chaque fois qu'il ressentait le besoin d'une clope, non merci, trop peu pour lui. Un cure-dent faisait très bien l'affaire. La psychologue du service le lui avait expliqué avec patience : tout n'était que l'idée que l'on s'en faisait. Là, il était en train de se convaincre qu'il n'aspirait aucunement, mais alors absolument pas, à une bonne bière bien fraîche avec une clope au Loulou's bar.

Le commissaire van Dijk leva les yeux du rapport et regarda brièvement Gerrit Hartevelt :

– Bon, alors, qu'est-ce qui cloche ?

– Tout est trop beau commissaire. Ce Joost van Dame n'a pas l'air d'un gars qui passe à l'acte.

– Depuis quand tu peux séparer les coupables des innocents en matant leur visage ? Tu as une boule de cristal ?

– C'est pas ça, Hartevelt haussa les épaules, mais, tout me dit que ce n'est pas lui. Il admet être allé la voir et, selon lui, il est resté avec elle à la cantine, il n'a même pas mis les pieds dans le bureau. Et puis, plusieurs témoins les ont vus se tenir par la main en buvant leur café. Pas l'air d'un tueur et sa victime avant le délit.

– Peut-être, mais personne d'autre ne l'avait jamais menacée auparavant.

– D'accord, le gars à une grande gueule. Apparemment, elle ne lui en gardait pas rigueur puisqu'ils avaient rendez-vous le soir chez lui. Elle n'est pas venue. Il a téléphoné à plusieurs reprises, ce qui, entre nous, serait vraiment pervers s'il avait su qu'elle était morte, on a contrôlé ses appels et le lendemain on le cueillait. Une autre chose me tracasse. Si ce mec s'emportait grave et passait à l'acte, je le vois mal se servir d'un cendrier, ça ne colle pas à son profil ; ce gars-là, il étranglerait à mains nues. En outre, il n'y a aucune empreinte sur le cendrier. Du sang en veux-tu en voilà, mais pas d'empreintes. Cela signifie que le meurtrier s'est servi de gants, donc qu'il était préparé, donc préméditation. Ça colle de moins en moins avec Joost.

– Bon alors, qu'est-ce que tu proposes ?

– Je voudrais continuer encore un peu à chercher du côté de la famille et de l'université. Après demain, le nouveau prof entre en fonction. Selon mon frère, il prononcera un discours avec réception à la clé. J'aimerais y aller faire un tour, regarder un peu les têtes. En général, les gens se lâchent un peu plus dans ce genre de pince-fesses.

– D'accord, mais il ne reste plus que quarante-huit heures. Passé ce délai, il faudra ou bien l'inculper du meurtre avec preuves à l'appui ou bien le relâcher faute de preuve. Deux mois d'incarcération est le maximum sans inculpation.

– Merci commissaire. » Malgré son attitude assurée, Gerrit Hartevelt n'avait pas le début d'une stratégie et encore moins celui d'une preuve que Van Dame soit blanc comme neige. Au contraire, tout concourrait à le désigner comme l'auteur du crime.

Issu d'un milieu modeste, Joost van Dame était le cadet de trois frères et une sœur qui avaient tous réussi dans la vie. Son père, employé dans une entreprise de gardiennage, était décédé d'un cancer du côlon et sa mère, devenue veuve, avait travaillé dur pour élever ses enfants en bas âge restés à charge. Joost avait sept ans au moment des faits et il se rappelait très bien son père : un homme grand et fort, sévère, mais juste. Sa mère était très fière de ses enfants, et elle pouvait l'être. L'aîné, Georges, était devenu pilote au long cours. Il avait épousé une hôtesse de l'air. Le couple venait d'emménager dans une villa nouvellement construite à Aalmere. Ils attendaient leur second enfant en espérant qu'il s'agirait d'une fille cette fois-ci, leur premier né était un garçon. Les jumeaux, Adam et Matthijs, avaient terminé leurs études de physique avec brio. On les comparait souvent aux frères Bogdanov, en blond. La fille, Myra, était promise à une belle carrière de soliste, car elle avait été acceptée au programme d'échange avec Julliard. Quant à Joost, tout s'était bien passé pour lui jusqu'à l'année dernière où il avait rencontré des garçons de son âge qui l'avaient détourné de ses études. Il ne parlait plus que de politique et désirait changer de corpus, persuadé qu'une carrière de politicien l'attendait. Cela aurait été un moindre mal s'il s'était attelé à la tâche, mais il repoussait sans cesse sa décision et ne faisait plus rien à l'université. Ses résultats étaient catastrophiques et il était sur le point de perdre sa bourse. Il traînait, fumait de l'herbe et buvait beaucoup plus qu'il n'était bon pour lui. Sa mère était d'autant plus inquiète qu'Eva, sa copine attitrée, avait rompu leur relation à la suite d'une dispute plus sérieuse que de coutume. Elle lui reprochait son indécision et ses sautes d'humeur.

Joost avait confié la plus grande partie de ces détails à Hartevelt. Ce qu'il ne disait pas était qu'il avait terriblement souffert de la disparition de son père et que le décès de son meilleur ami l'année dernière avait ravivé la douleur de la perte au point de lui faire perdre ses repères. La souffrance l'avait projeté dans la spirale des mauvaises rencontres et des habitudes néfastes. Profitant des primes de voyage offertes par la compagnie aérienne de son frère aîné, il était allé en Thaïlande où il avait contracté un début de dépendance aux opiacées dont seul un retour précipité au bercail, initié par son frère qui avait senti le danger, l'avait tenu éloigné. Joost, têtu malgré sa sensibilité ou peut-être à cause d'elle, s'était acoquiné avec des malfrats qui profitaient de sa générosité naturelle et lui faisaient faire la mule en banlieue. Ses faits et gestes étaient connus des services de police et la brigade des stupéfiants le tenait à l'œil. Ils le laissaient courir, car, tout compte fait, Joost n'était que du menu fretin. En dépit de son peu d'importance, ils l'avaient arrêté au retour d'une livraison en possession de plus de trois cents grammes de haschisch, bien plus que la limite autorisée pour usage personnel. Le juge lui avait octroyé trois mois avec sursis de manière à le ficher dans les dossiers. Un garçon sur une mauvaise pente, comme on le dit familièrement. Tout de même, cela ne faisait pas de lui un assassin, même si ses antécédents ne parlaient pas en sa faveur. Ses sautes d'humeur, de plus en plus fréquentes au dire de ses proches, s'accompagnaient de violence verbale. Et si elles s'étaient développées en violence physique ? Hartevelt cogitait, les neurones en ébullition, sans pour autant voir poindre le début d'une solution.

Table des étapes

PS : J'espère que « Comment écrire un best-seller. 8 étapes simples et efficaces » vous a aidé à atteindre votre but.

Cette méthode m'a permis de publier mes livres et d'avoir du succès, je pense qu'elle pourra aussi vous permettre d'atteindre le succès que vous méritez.

Si vous désirez parler plus avant de vos livres, de vos attentes, de vos dilemmes, n'hésitez pas à me contacter via mon site Internet http://www.muriellelucieclement.com ou par mail : clementml@me.com

Vous pouvez aussi aller visiter mon blog : www.aventurelitteraire.com

www.ingramcontent.com/pod-product-compliance
Lightning Source LLC
Chambersburg PA
CBHW052134090426
42741CB00009B/2071